FACULTÉ DE DROIT DE TOULOUSE

PLAN

DU

COURS DE DROIT COMMERCIAL

M. BONFILS (Henry), professeur titulaire.

1889-1890

TOULOUSE

IMPRIMERIE A. CHAUVIN ET FILS

28, RUE DES SALENQUES, 28

1889

PLAN

DU

COURS DE DROIT COMMERCIAL

M. Henry BONFILS, professeur titulaire.

INTRODUCTION.

I. — Objet du droit commercial. — Sa raison d'être.

II. — Histoire externe du Droit commercial : ses sources : *Consulat de la mer.* — *Rooles d'Oleron.* — *Droit maritime de Wisby.* — *Recès de la Hanse.* — *Table d'Amalfi.* — *Guidon de la Mer.* — *Edits* des rois de France Louis XI, François 1er, Charles IX, Henri III, Henri IV.

Ordonnance de mars 1673. — Sa rédaction. — Son contenu. — Son autorité. — Ses commentateurs.

Ordonnance de la Marine d'août 1681. — Sa rédaction. — Son contenu. — Son autorité. — Ses commentateurs.

III. — Sources actuelles du Droit commercial. — CODE DE COMMERCE. — Sa rédaction. — Son contenu et ses divisions. — Lois postérieures complémentaires ou dérogatoires. — Usages. — Relations du Droit commercial et du Droit civil.

LIVRE PREMIER

DU COMMERCE EN GÉNÉRAL.

PREMIÈRE PARTIE.

Des actes de commerce et des commerçants.

TITRE PREMIER.

DES ACTES DE COMMERCE (Cod. Liv. IV, tit. 2).

SECTION PREMIÈRE. — De l'utilité de la détermination des actes de commerce.

SECTION II. — Quels sont les actes de commerce.

§ 1er. — Des actes commerciaux par leur nature.

§ 2. — Des actes commerciaux par l'autorité de la loi.

§ 3. — Des actes réputés commerciaux à raison de la qualité de leurs auteurs ou du lien qui les rattache à un acte commercial principal.

TITRE II.

DES COMMERÇANTS ET DE LEURS OBLIGATIONS (Cod. Liv. I, tit. 1, 2 et 4).

SECTION PREMIÈRE. — De l'intérêt de la distinction des commerçants et des non commerçants.

SECTION II. — Qui est commerçant.

SECTION III. — De la liberté de faire le commerce et des restrictions qu'elle subit.

Section IV. — De la capacité requise pour faire le commerce.

    A. — Du mineur.

    B. — De la femme mariée.

Section V. — Des obligations spéciales aux commerçants.

    § 1er. — Des livres de commerce.

    A. — Des livres de commerce et de leur tenue.

    B. — De la communication et de la représentation des livres de commerce.

    C. — Notions élémentaires de comptabilité commerciale.

    § 2. — De la publicité du régime matrimonial des commerçants.

    A. — Publicité du contrat de mariage.

    B. — Publicité des divorces, des séparations de corps et de biens.

TITRE III.

DES SOCIÉTÉS COMMERCIALES (Cod. Liv. I, tit. 3).

CHAPITRE PREMIER.

NOTIONS GÉNÉRALES SUR LE CONTRAT DE SOCIÉTÉ.

Section première. — Caractères et éléments du contrat de société.

Section II. — Intérêt de la distinction des sociétés civiles et des sociétés commerciales.

CHAPITRE II.

DES SOCIÉTÉS COMMERCIALES EN GÉNÉRAL.

Section première. — Division des sociétés en deux classes : 1º sociétés de personnes ou par intérêt ; — 2º so-

ciétés de capitaux ou par actions; — criterium de la distinction de l'*intérêt* et de l'*action*.

Section II. — Personnalité juridique des sociétés commerciales et ses conséquences.

Section III. — De la forme et de la publication des sociétés commerciales.

    A. — Forme.

    B. — Publication.

        a. — Modes de publicité pour toutes les sociétés.

        b. — Modes de publicité pour les sociétés par actions.

    C. — Conséquences de l'inobservation des règles relatives à la forme des actes de société et à leur publication.

CHAPITRE III.

DES DIVERSES ESPÈCES DE SOCIÉTÉS COMMERCIALES.

PREMIÈRE CATÉGORIE. — DES SOCIÉTÉS DE PERSONNES OU PAR INTÉRÊT.

Conditions de fond requises pour la constitution des sociétés de personnes et sanction de ces conditions.

Section première. — Sociétés en nom collectif.

    § 1er. — Caractères distinctifs de ces sociétés.

    § 2. — Gestion et administration.

    § 3. — Engagements sociaux et leurs effets.

Section II. — Sociétés en commandite simple ou par intérêt.

    § 1er. — Nature de ces sociétés.

    § 2. — Gestion et administration.

    § 3. — Droits et obligations des commandités et des commanditaires.

DEUXIÈME CATÉGORIE. — DES SOCIÉTÉS DE CAPITAUX OU PAR ACTIONS.

Généralités. — Historique. — Des diverses sortes d'actions. — Comparaison des *actions* et des *obligations*. — Formes

des titres. — Modes de transmission. — Loi du 15 juin 1872. — Impôts.

Section première. — Conditions de fond pour la constitution des sociétés de capitaux.

§ 1er. — Division du capital social et taux des actions.

§ 2. — Souscription du capital et versement du quart.

§ 3. — Vérification des apports en nature et des avantages particuliers.

§ 4. — Etablissement d'un conseil de surveillance dans la société en commandite.

§ 5. — Nomination des administrateurs et commissaires dans la société anonyme.

§ 6. — Prorogation, fusion et transformation, sous la loi du 24 juillet 1867, des sociétés antérieurement constituées.

Section II. — Sanction des dispositions relatives à la constitution des sociétés de capitaux.

§ 1er. — Sanctions civiles.

A. — Nullité de la société.

B. — Responsabilités civiles résultant de la nullité.

§ 2. — Sanctions pénales.

Section III. — Société en commandite par actions.

§ 1er. — Des gérants.

A. — Fonctions des gérants.

B. — Responsabilité des gérants.

§ 2. — Du conseil de surveillance.

A. Fonctions du Conseil.

B. — Responsabilité des membres du Conseil.

§ 3. — Assemblée générale. — Ses pouvoirs.

Section IV. — Société anonyme.

§ 1er. — Caractères généraux de cette société.

§ 2. — Assemblée générale. — Ses pouvoirs.

§ 3. Des administrateurs.

A. — Pouvoirs des administrateurs.

B. — Responsabilité des administrateurs.

§ 4. — Des commissaires de contrôle.

A. — Fonctions des commissaires.

B. Responsabilité.

SECTION V. — Société à capital variable.

§ 1er. — Caractères de cette société. — Des associations en vue desquelles elle est autorisée.

§ 2. — Règles communes à toutes les sociétés à capital variable.

§ 3. — Règles spéciales aux sociétés par actions.

SECTION VI. — Droits et obligations des actionnaires. — Négociabilité des actions. — Mise au porteur. — Responsabilité des souscripteurs, cessionnaires et détenteurs.

SECTION VII. — Actions judiciaires. — Compétence.

SECTION VIII. — Projets de réforme. — Congrès international d'août 1889.

CHAPITRE IV.

DES ASSOCIATIONS EN PARTICIPATION.

SECTION PREMIÈRE. — Caractère de cette association.

SECTION II. — Constitution et preuve.

SECTION III. — Fonctionnement des participations.

CHAPITRE V.

DISSOLUTION DES SOCIÉTÉS DE COMMERCE.

SECTION PREMIÈRE. — Causes de dissolution.

SECTION II. — Conséquences de la dissolution.

§ 1er. — Liquidation.

§ 2. — Partage.

§ 3. — Prescription.

CHAPITRE VI.

DES SOCIÉTÉS ÉTRANGÈRES.

DEUXIÈME PARTIE.

Des contrats commerciaux.

TITRE PREMIER.

RÈGLES COMMUNES A TOUS LES CONTRATS COMMER-
CIAUX. — DES PREUVES EN MATIÈRE COMMERCIALE
(Cod. Liv. I, tit. 7).

TITRE II.

DE LA VENTE COMMERCIALE.

SECTION PREMIÈRE. — Règles générales.
SECTION II. — Des différentes espèces de vente.

TITRE III.

DU GAGE COMMERCIAL, DES MAGASINS GÉNÉRAUX ET
DES WARRANTS (Cod. Liv. I, tit. 6).

CHAPITRE PREMIER.

DU GAGE COMMERCIAL.

SECTION PREMIÈRE. — Constitution du gage.
SECTION II. — Droits du créancier gagiste.
SECTION III. — Du gage établi au profit de certains établis-
sements.

CHAPITRE II.

DES MAGASINS GÉNÉRAUX ET DES WARRANTS.

SECTION PREMIÈRE. — Création des magasins généraux.

Section II. — Négociations auxquelles donnent lieu les marchandises déposées. — Warrants. — Récépissés.

Section III. — Droits et obligations des propriétaires des magasins généraux.

TITRE IV.

DE LA COMMISSION (Cod. Liv. I, tit. 6).

Section première. — Nature et objet de la commission.

Section II. — Formation et preuve du contrat de commission.

Section III. — Obligations du commissionnaire envers le commettant.

Section IV. — Obligations du commettant envers le commissionnaire.

Section V. — Effets à l'égard des tiers des actes du commissionnaire.

Section VI. — Garanties spéciales des droits du commissionnaire et du commettant.

Section VII. — Des causes qui mettent fin à la commission.

TITRE V.

DU CONTRAT DE TRANSPORT (Cod. Liv. I, tit. 6).

CHAPITRE PREMIER.

RÈGLES GÉNÉRALES.

Section première. — Nature, formation et preuve du contrat.

Section II. — Obligations du voiturier et du commissionnaire de transport.

Section III. — Obligations de l'expéditeur et du destinataire.

Section IV. — Fins de non-recevoir et prescription.

CHAPITRE II.

RÈGLES SPÉCIALES AU TRANSPORT DES MARCHANDISES PAR CHEMIN DE FER.

Appendice. — Du transport international. — Conférence de Berne.

TITRE VI.

DES LETTRES DE CHANGE ; DES BILLETS A ORDRE ET DES CHÈQUES (Cod. Liv. I, tit. 8).

CHAPITRE PREMIER.

DE LA LETTRE DE CHANGE.

Section première. — Création de la lettre de change.
§ 1er. — Mentions essentielles. — Sanction.
§ 2. — Mentions facultatives.
§ 3. — De la capacité en matière de lettre de change.
§ 4. Conditions fiscales.
Section II. — Transmission de la lettre de change.
§ 1er. — Endossement régulier ou translatif.
A. — Formes.
B. — Effets.
§ 2. — Endossement de procuration.
A. — Endossement irrégulier.
B. — Endossement en blanc.
C. — Effets de l'endossement irrégulier ou en blanc.
§ 3. — Endossement de garantie.
Section III. — Garanties du paiement.
§ 1er. — Provision.
§ 2. — Acceptation.

A. — Formes.

B. — Effets.

C. — Refus d'acceptation.

D. Effets de la faillite après acceptation.

E. — Acceptation par intervention.

§ 3. — Aval.

§ 4. — Solidarité.

Section IV. — Du paiement et du refus de paiement.

§ 1er. Paiement normal.

A. — Conditions de validité.

B. — Du cas de perte de la lettre de change.

§ 2. — Refus de paiement.

A. — Paiement par intervention.

B. — Droits du porteur.

C. — Devoirs du porteur.

D. — Recours des coobligés entre eux.

§ 3. — Extinction des actions résultant de la lettre de change.

A. Déchéance du porteur négligent.

B. — Prescription.

Section V. — De la lettre de change en Droit international.
Congrès d'Anvers. — Législations étrangères.

CHAPITRE II.

DU BILLET A ORDRE.

CHAPITRE III.

DU CHÈQUE.

TITRE VII.

DES OPÉRATIONS DE BANQUE ET DU COMPTE COURANT.

SECTION PREMIÈRE. — Des opérations de banque.

Section II. — Du compte courant.

TITRE VIII.

DES BOURSES DE COMMERCE ET DES OPÉRATIONS DE BOURSE (Cod. Liv I, tit. 5).

CHAPITRE PREMIER.

DES BOURSES D'EFFETS PUBLICS.

Section première. — Des opérations réalisées à la Bourse.
 § 1er. — Valeurs négociables à la Bourse.
 § 2. — Opérations au comptant.
 § 3. — Opérations à terme.
Section II. — Des agents de change. — Historique.
 § 1er. — Organisation. — Nomination. — Conditions d'aptitude.
 § 2. — Chambre syndicale. — Attributions.
 § 3. — Fonctions des agents de change.
 § 4. — Obligations professionnelles.
 § 5. — Monopole des agents de change.
 § 6. — Coulisse.

CHAPITRE II.

DES BOURSES DE MARCHANDISES.

Section première. — Des opérations sur marchandises.
Section II. — Des courtiers.

LIVRE III

DES LIQUIDATIONS JUDICIAIRES, FAILLITES ET BANQUEROUTES.

TITRE PREMIER

DE LA FAILLITE ET DE LA LIQUIDATION JUDICIAIRE.

CHAPITRE PREMIER.

DÉCLARATION DE LA FAILLITE OU DE LA LIQUIDATION ET DE LEURS EFFETS.

SECTION PREMIÈRE. — Déclaration de la faillite ou de la liquidation.

  § 1er. — Personnes pouvant être déclarées en faillite ou
en état de liquidation.

  § 2. — Qui peut provoquer déclaration.

  § 3. — Causes et conditions intrinsèques de l'état de
faillite ou de liquidation.

  § 4. — Epoque et formes de la déclaration.

  § 5. — Caractère du jugement déclaratif. — Compétence. — Voies de recours contre le jugement.

SECTION II. — Effets du jugement déclaratif.

  § 1er. — Effets dans l'avenir.

    A. — Dessaisissement.

    B. — Suspension des voies d'exécution individuelles.

    C. — Exigibilité anticipée des créances.

    D. — Cessation du cours des intérêts.

E. — Interdiction de toute nouvelle inscription de privilège ou d'hypothèque.

F. — Hypothèque générale au profit de la masse.

G. — Incapacités qui frappent le failli ou le négociant en état de liquidation.

§ 2. — Effets produits rétroactivement dans le passé.

A. — Actes nuls de plein droit.

B. — Actes annulables.

C. — Actes valables sous certaines conditions.

CHAPITRE II.

ADMINISTRATION ET PROCÉDURE PRÉPARATOIRE.

SECTION PREMIÈRE. — Personnel de la faillite ou de la liquidation.

§ 1er. — Syndics ou liquidateurs.

§ 2. — Juge-commissaire.

§ 3. — Tribunal.

§ 4. — Créanciers. — Contrôleurs.

§ 5. — Failli ou débiteur en état de liquidation.

SECTION II. — Mesures concernant la personne du failli.

SECTION III. — Mesures relatives aux biens.

§ 1er. — Actes préparatoires à l'administration.

§ 2. — Actes relatifs à l'administration du patrimoine du failli ou du débiteur en état de liquidation.

§ 3. — Procédure préparatoire de la solution de la faillite.

A. — Etablissement de la liste des créanciers et de la quotité de leurs droits. — Vérification et affirmation des créances.

CHAPITRE III.

DES DIVERS DROITS QUI PEUVENT ÊTRE INVOQUÉS CONTRE UNE FAILLITE OU DANS UNE LIQUIDATION JUDICIAIRE.

SECTION PREMIÈRE. — De la revendication.

SECTION II. — Des privilèges et hypothèques.

SECTION III. — Des droits de la femme du failli.

SECTION IV. — Des droits des créanciers garantis par la solidarité ou par un cautionnement.

CHAPITRE IV.

CLÔTURE DE LA LIQUIDATION JUDICIAIRE OU DE LA FAILLITE.

A. — *Clôture de la liquidation judiciaire.*

    Concordat. — Concordat par abandon. — Déchéance du débiteur.

B. — *Clôture de la faillite.*

SECTION PREMIÈRE. — Clôture pour insuffisance d'actif.

SECTION II. — Concordat.

    § 1er. — Formation du concordat.

    § 2. — Homologation du concordat.

    § 3. — Effets du concordat.

    A. — Effets légaux.

    B. — Effets conventionnels.

    § 4. — Exécution du concordat.

    § 5. — Annulation et résolution du concordat.

    A. — Causes.

    B. — Effets.

SECTION III. — Union.

    § 1er. — Organisation de l'union.

    § 2. — Opérations de l'union.

    A. — Réalisation de l'actif.

    B. — Répartition de deniers.

§ 3. — Clôture de l'union.

SECTION IV. — Concordat par abandon.

PREMIER APPENDICE. — De la faillite des sociétés.

DEUXIÈME APPENDICE. — Situation des étrangers et conflits des lois en matière de faillite. — Congrès internationaux.

TITRE II.

DES BANQUEROUTES.

TITRE III.

DE LA RÉHABILITATION.

LIVRE II

DU COMMERCE MARITIME.

N. B. — Le temps nécessaire à l'explication complète de toutes les matières réglementées dans le Livre II du Code de commerce faisant défaut, le professeur commente seulement les textes contenus dans les titres suivants :

TITRE XI.

DES AVARIES.

SECTION PREMIÈRE. — Distinction des avaries communes ou particulières.

SECTION II. — Règlement des avaries communes.

SECTION III. — De l'abordage des navires.

TITRE X.

DES ASSURANCES.

CHAPITRE PREMIER.

DU CONTRAT D'ASSURANCE.

Section première. — Formes du contrat.
Section II. — Conditions intrinsèques du contrat.
   § 1er. — Désignation des personnes.
   § 2. — Détermination et évaluation des objets assurés.
   § 3. — Détermination des risques.
   § 4. — De la prime et de l'assurance de la prime.

CHAPITRE II.

OBLIGATIONS DE L'ASSUREUR ET DE L'ASSURÉ.

Section première. — Obligations de l'assuré.
Section II. — Obligations de l'assureur.
Section III. — Causes de résolution du contrat.

CHAPITRE III.

DU DÉLAISSEMENT.

Section première. — Des cas de délaissement.
Section II. — Condition à remplir par l'assuré.
Section III. — Effets du délaissement.

TITRE XIII.

DES PRESCRIPTIONS.

TITRE XIV.

FINS DE NON-RECEVOIR.

LIVRE IV

DE LA JURIDICTION COMMERCIALE.

N. B. — Les matières contenues dans le livre quatrième du Code de commerce sont expliquées au Cours de procédure civile. — Les articles 632, 633, 634, 636, 637 et 638 sont commentés au Titre Ier de la première partie du Livre I du présent cours de Droit commercial.

www.ingramcontent.com/pod-product-compliance
Lightning Source LLC
Chambersburg PA
CBHW050404210326
41520CB00020B/6450